FACULTÉ DE DROIT DE L'UNIVERSITÉ DE PARIS

DE LA DISSOLUTION DES CONGRÉGATIONS RECONNUES

THÈSE POUR LE DOCTORAT

Présentée et soutenue le 6 Novembre 1900 à 8 heures 1/4.

PAR

LOUIS DUGASTAING

Président : M. LARNAUDE, *Professeur.*

Suffragants : { MM. CHAVEGRIN, WEISS, } *Professeurs.*

PARIS

LIBRAIRIE DE LA SOCIÉTÉ DU RECUEIL GÉNÉRAL DES LOIS & DES ARRÊTS

FONDÉ PAR J.-B. SIREY, ET DU JOURNAL DU PALAIS

Ancienne Maison L. LAROSE & FORCEL

22, rue Soufflot, 5e

L. LAROSE, Directeur de la Librairie

1900

THÈSE

POUR LE DOCTORAT

IMPRIMERIE CONTANT-LAGUERRE

BAR-LE-DUC

FACULTÉ DE DROIT DE L'UNIVERSITÉ DE PARIS

DE
LA DISSOLUTION

DES

CONGRÉGATIONS RECONNUES

THÈSE POUR LE DOCTORAT

Présentée et soutenue le *6 Novembre 1900 à 8 heures 1/4.*

PAR

LOUIS DUCASTAING

Président : M. LARNAUDE, *Professeur.*

Suffragants : { MM. CHAVEGRIN, WEISS, } *Professeurs.*

PARIS

LIBRAIRIE DE LA SOCIÉTÉ DU RECUEIL GÉNÉRAL DES LOIS & DES ARRÊTS

FONDÉ PAR J.-B. SIREY, ET DU JOURNAL DU PALAIS

Ancienne Maison L. LAROSE & FORCEL

22, rue Soufflot, 5e

L. LAROSE, Directeur de la Librairie

1900

DE LA DISSOLUTION

DES

CONGRÉGATIONS RECONNUES

CHAPITRE I

I. — Formes de la dissolution.

Les communautés religieuses en France se divisent en deux catégories très inégales par leur nombre et surtout leur importance au point de vue des richesses et de l'influence.

Ce sont, d'une part, les congrégations qui sont dotées de la personnalité civile et, d'autre part, celles dont l'existence sur le territoire est simplement tolérée par le pouvoir.

Les premières sont de beaucoup les moins nombreuses. Il suffit, pour s'en convaincre, de parcourir l'état qui en a été dressé officiellement en 1878. Il y est mentionné seulement cinq congrégations d'hommes ayant la personnalité civile : missions de Saint-Lazare, séminaire des missions étrangères, compagnie des prêtres de Saint-Sulpice, congrégation du Saint-Esprit et du Saint-Cœur de Marie, missionnaires de Saint-François de Sales.

Pour les femmes, la liste est plus longue, elle comprend deux cent vingt-quatre ordres, mais d'importance très inégale et en tout cas inférieure à celle des congrégations non reconnues.

Elles ne sont pas non plus les plus riches. Leur but est très spécial. Toutes ces congrégations d'hommes s'adonnent, soit à la propagation de la foi à l'étranger, soit à la formation et à l'enseignement des futurs prêtres. Missions de Saint-Lazare, prêtres de Saint-Sulpice, prêtres du Saint-Esprit dirigent les séminaires, grands et petits, et y professent. Leurs ressources sont très restreintes et proviennent complètement en faible partie des dons des fidèles, en majeure partie des quêtes et de l'assistance du clergé séculier. Les congrégations de femmes quoique plus variées et moins exclusivement enseignantes, n'ont guère d'autres moyens d'acquérir.

L'État, pour toutes ces raisons, les regarde avec moins de méfiance et d'hostilité que les congrégations non reconnues. Pour leur utilité, leur nécessité au point de vue des besoins de l'Église, elles ont obtenu la personnalité civile. Elles ne cessent pas d'ailleurs pour cela d'être sous l'autorité de l'État. Surveillées étroitement, tous leurs actes contrôlés, elles sont aussi constamment sous la menace d'une dissolution que *l'arbitraire* d'un pouvoir souverain tient toujours suspendue sur leurs têtes.

« La dissolution est pour lui un droit absolu. En effet l'État et dans ce cas le pouvoir législatif, juge sans appel de l'opportunité de telle ou telle création juridique, n'aurait qu'un pouvoir boîteux si, à sa puissance créatrice, ne s'ajoutait pas la puissance inverse. Si lui seul puise dans des raisons d'intérêt général le droit de donner la personnalité à telle association, comment ne puiserait-il pas à la même source, le droit de la retirer, quand l'intérêt public le commande ?[1] »

Ce droit comment l'État va-t-il l'exercer ?

Il faut une loi pour autoriser les congrégations de femmes, une loi sera nécessaire pour révoquer cette autorisation [2]. Même si un simple décret a donné l'autorisation, il faudra une loi pour la dissolution. La raison en a été donnée par M. R. de Massy lors de la discussion de la loi de 1875 sur l'Enseignement supérieur.

« Quand l'établissement a été reconnu d'utilité publique il y a un droit acquis, une fortune s'est amassée, l'établissement est en pleine prospérité. Ce droit acquis il ne faut pas l'enlever légèrement, facilement et l'exposer aux courants politiques. Par conséquent il faut un autre appareil, une autre solennité et d'autres précautions pour révoquer un droit acquis qui a servi de fondement au développement même de l'établissement dont il s'agit... [3] »

(1) Piébourg, *Quelques questions sur les personnes civiles.*
(2) Loi de 1875, art. 6.
(3) Piébourg, *op. cit.*

D'ailleurs le législateur est souverainement libre dans les décisions qu'il juge à propos de prendre, il n'est tenu par aucune forme spéciale sinon la forme constitutionnelle. La dissolution ne se fera pas sans formalités cependant, celles-ci sont les mêmes que pour l'autorisation :

1° Prendre l'avis de la congrégation elle-même et provoquer une délibération du conseil d'administration qui s'explique sur la suppression proposée.

2° Faire une enquête sur la convenance et les inconvénients de la suppression.

3° Prendre l'avis du conseil municipal de la commune.

4° Consulter l'évêque. Puis le préfet envoie les pièces avec avis en forme d'arrêté, au Ministre de l'instruction publique si c'est un établissement d'instruction, en notre cas au Ministre de l'intérieur dont l'avis est également pris.

La raison de ces formalités se comprend du reste car la commune où est établie la communauté peut avoir fait des frais, des donateurs peuvent réclamer le droit de retour prévu par l'art. 7 de la loi de 1825, des créanciers peuvent voir leurs intérêts compromis. L'accomplissement de ces mesures précautionnelles est nécessaire et enlève à l'acte de dissolution une partie de son caractère arbitraire [1].

Ces formalités s'appliquent également lors de la dissolution d'une congrégation d'hommes. Pour celle-ci, un simple décret suffit si elle existait avant 1817. Si elle est postérieure à cette date il faudra une loi. Le pouvoir qui

____

[1] Béquet, *Répertoire de droit administratif*, tome IX.

a donné la personnalité est aussi celui qui l'enlève. Il nous paraît, appuyant notre opinion sur celle de Ravelet, qu'il eut été préférable de suivre pour les congrégations d'hommes la même règle que pour celles de femmes ; les droits acquis sont identiques, les mêmes intérêts sont à sauvegarder, une loi serait ici aussi nécessaire [1] [2].

II. — Dévolution des biens.

Lorsqu'un décret ou une loi, suivant les cas, a prononcé la dissolution d'une congrégation religieuse, celle-ci cesse d'être une personne morale. Quel va être alors le sort des biens dont elle avait la jouissance, à qui vont-ils être dévolus.

Dans les sociétés de commerce, la personnalité civile a pour but et pour utilité, l'unité des opérations et la simplification des affaires dont le bénéfice doit profiter en dernier compte aux associés, aussi la dissolution de ces sociétés est-elle suivie d'un partage du fonds commun entre tous les membres.

Il n'en est pas de même pour les autres personnes civiles beaucoup plus nettement séparées de ceux qui en font partie. Ceux-ci ne pourront réclamer à titre d'héritiers la

---

[1] Ravelet, *Condition juridique des congrégations religieuses.*

[2] En dehors de la dissolution prononcée par le pouvoir civil, il y a d'autres causes d'extinction des congrégations autorisées.

1° Le pouvoir ecclésiastique peut retirer l'institution canonique (Ravelet).

2° Le manque de religieuses.

Ces deux causes ont amené des controverses que nous omettons parce qu'elles nous semblent en dehors de l'objet très précis de cette étude.

succession de la personne dissoute qui ne peut avoir d'héritiers légitimes.

Que décider alors?

Historiquement la question a toujours été vite tranchée. Le législateur en confisquant le corps, confisquait le bien. Ainsi agit Philippe le Bel vis-à-vis des Templiers, Joseph II lors des sécularisations en Allemagne. C'est ainsi que furent nationalisés les biens du clergé et des corporations en 1789 et qu'en Belgique les biens appartenant à l'ordre équestre des provinces firent retour à l'État (1830).

A côté de ces cas de main-mise brutale et complète, de spoliation, l'État fit souvent attribution à d'autres des biens qu'il prenait. C'est ainsi que les empereurs chrétiens s'approprièrent les biens des temples païens qu'ils supprimaient, pour les consacrer en grande partie à la dotation des églises chrétiennes. C'est ainsi également que l'édit de 1749 en imposant (art. 13), sous peine de dissolution, aux établissements de chapitres, collèges, communautés religieuses, hospices, congrégations, confréries, hôpitaux, etc., existant antérieurement à 1789, l'obligation de solliciter des lettres patentes d'autorisation, ajoute : « Nous réservant néanmoins à l'égard de ceux desdits établissements qui subsistent paisiblement et sans aucune demande en nullité formée avant la publication du présent édit, de nous faire rendre compte, tant de leur objet que de la nature et quantité de biens dont ils sont en possession, pour y pourvoir ainsi qu'il appartiendra, soit en leur accordant nos lettres patentes, s'il y échet, soit en réunissant lesdits biens à des hôpitaux ou autres établissements déjà autorisés, soit en ordonnant qu'ils seront vendus et que le prix en sera appliqué ainsi qu'il est porté en l'article précédent, c'est-à-dire employé au soulagement des pauvres ou à tels ouvrages publics que nous jugerons convenable. »

Mêmes applications dans la loi de 1791 aux maîtrises et aux jurandes et dans le décret du 12 juillet 1807.

Pour les congrégations en particulier, le décret des 13-19 février 1790 qui prohibe en France les vœux monastiques, dispose dans son article 2 : « Tous les individus de l'un ou l'autre sexe, existant dans les monastères ou maisons religieuses, pourront en sortir en faisant leur déclaration devant la municipalité du lieu et il sera pourvu incessamment à leur sort par une pension convenable. Il sera pareillement indiqué des maisons où seront tenus de se retirer les religieux qui ne voudront pas profiter de la disposition du présent décret [1]. »

Actuellement une seule loi prévoit en cas de dissolution d'une congrégation reconnue, la dévolution des biens. C'est la loi du 24 mai 1825 et elle ne s'applique qu'aux congrégations de femmes.

Elle fait deux parts des biens de la communauté.

1° Les biens acquis par donation entre-vifs ou par disposition à cause de mort font retour aux donateurs ou à leurs parents au degré successible, ainsi qu'à ceux des testateurs au même degré (art. 7) [2].

---

[1] Le décret du 18 août 1792 (titre III) fixe le montant de ces pensions.

[2] Le droit de retour que prévoit l'art. 7 de la loi de 1825, est-il

2° Le reste des biens est attribué, moitié aux établissements ecclésiastiques, moitié aux hospices du département.

Une pension est donnée aux membres de la congrégation ; l'État doit en fixer lui-même le chiffre.

Cette loi ne s'applique pas aux congrégations d'hommes, et ne pourrait pas l'être en cas de dissolution. Le droit de retour qu'elle prévoit ne peut être suppléé dans le silence des textes, car il est exorbitant du droit commun[1].

En l'absence de texte réglant la dévolution des biens de ces communautés, comment celle-ci se fera-t-elle ?

Pour les dons, celui qui en est l'auteur pourra stipuler dans l'acte de donation un droit de retour conventionnel au cas d'extinction ou de suppression de la communauté, mais cette stipulation ne pourrait être faite qu'à son profit uniquement (art. 951). Mais cette clause possible n'est qu'un cas très particulier et ne s'appliquerait qu'à une partie très restreinte de biens[2].

A qui l'ensemble de ceux-ci va-t-il revenir ?

---

de même nature que celui prévu par l'art. 951 (C. C.) en cas de prédécès du donataire et de ses descendants ?

Ravelet, *op. cit.* : « Nous ne le pensons pas. Le droit de retour (art. 951), ne peut être stipulé qu'au profit du donateur seul.

Le droit ouvert par la loi de 1825 est une succession ouverte au profit des donateurs, des testateurs et de leurs parents au degré successible.

Cette succession n'a pas d'effet rétroactif, elle ne porte que sur les biens donnés qui reviennent au donateur grevés des charges établies par la congrégation.

(1) Fuzier-Herman, *Répertoire de droit français*, tome XI. V° D

(2) Piébourg, *op. cit.*

La question semble n'avoir pas pratiquement une très
grande importance, car il est probable que la loi, révo-
quant la personnalité, contiendrait des règles protectrices
des intérêts de tous. Mais pour que ces intérêts soient pro-
tégés, il faut qu'ils soient nettement fixés et reconnus. Il se
peut aussi que la loi soit muette sur ce point. Il faut enfin
déterminer théoriquement quelle est la mesure de son droit,
c'est-à-dire qui a la propriété des biens des congrégations
reconnues lorsqu'elles disparaissent.

La solution de cette question intérese également les congrégations de femmes car elle montrera si l'art. 7 de
la loi de 1825 est conçu dans un esprit juste ou si ses règles souveraines ne dépassent pas les droits que possède
l'État en cette matière.

Nous nous trouvons ici en présence de deux théories
très tranchées : droit de l'État, droits des membres sur le
patrimoine des congrégations frappées de dissolution.

La première s'appuie sur les articles 539 et 713 du Code
civil : Les biens des congrégations reconnues sont des biens
sans maître, vacants le jour où la personnalité civile qui
les possédait cesse d'exister. Ils appartiennent alors à l'État
et ne peuvent appartenir à d'autres. Propriété de l'être collectif, ils ne sont pas celle des êtres qui le composent.

Le législateur qui a créé le corps, en confisquant ce
corps, confisque le bien [1].

____

[1] Laurent, *Principes de droit civil*, t. XVI et XXVI; Orts, *De l'incapacité des congrégations*.

Cette opinion, qui a été soutenue principalement par MM. Laurent et Orts, èst aussi simple que radicale. Elle paraîtra peut-être moins équitable. Donner à l'État la disposition des biens de personnes qu'il a le droit de supprimer à sa guise, est évidemment contraire à toute idée de justice. Il ne peut y avoir pour ces personnes aucune sécurité et aucune garantie.

Les dangers de cette théorie ont été vus et signalés en 1875 à la tribune de l'Assemblée nationale, lors de la discussion de la loi sur l'enseignement supérieur.

« Un établissement d'enseignement supérieur est fondé, disait M. L. Brun, il est fondé par des donations, par des souscriptions. Il possède des immeubles. Ces immeubles se sont accrus par le travail pendant un certain nombre d'années et puis cet établissement demande la déclaration d'utilité publique... Plusieurs années se passent, le bénéfice de la déclaration d'utilité publique est retiré à l'établissement dont il s'agit; et alors si tel qu'il est vous maintenez l'article 12 du projet de la commission, voici ce qui va arriver : les biens vont à l'État qui en disposera en faveur de l'enseignement supérieur officiel. Or je demande si cela ne ressemble pas un peu à une confiscation. »

Cette réticence de M. Brun nous semble superflue et ses paroles s'appliquent également aux congrégations dont l'État pourrait aussi et de la même façon confisquer les biens quand il le voudrait.

Pour les établissements supérieurs l'orateur demandait que les biens restés libres après la liquidation et le paiement des dettes reçussent la destination prévue par les statuts. C'était, comme le dit Piébourg, créer au profit des établissements analogues, une sorte de droit de succession réciproque [1].

C'est, pour certains auteurs, l'esprit de la loi de 1825 qui ne rendrait pas l'État propriétaire un seul instant des biens que l'art. 7 attribue aux établissements ecclésiastiques et aux hospices. Ceux-ci seraient les successeurs légaux irréguliers des congrégations et en fait le gouvernement effectuerait entre eux le partage [2].

Cette interprétation de la loi de 1825 nous semble erronée. Comment les hospices et autres établissements pourraient-ils succéder et à quel titre? Ils ne sont pas dans l'ordre légal des successeurs et comme le dit excellemment M. Planiol, un testament peut seul modifier cet ordre légal. Ici il n'y a pas de testament, donc il ne peut y avoir de succession .

Pour la même cause, l'État ne peut succéder aux congrégations. Celles-ci contrairement à l'avis de la Cour de Paris mentionné en note ne peuvent laisser une succession· Si la loi de 1825 a dévolu leurs biens comme elle le fait, c'est pour d'autres raisons qui ressortent suffisam-

(1) Piébourg, *op. cit.*
(2) Fuzier-Herman, *op. cit.*, t. XII.
(3) Dalloz, 93.2.513.
Note sous arrêt de la Cour de Paris déclarant que les personnes morales laissent une succession comme les autres et qu'en principe l'Etat est leur successeur.

ment de l'exposé des motifs qui ont précédé le vote.

« Il est convenable, y est-il dit, que le Gouvernement,
que les agents du pouvoir soient ici (dans la dissolution)
parfaitement désintéressés, qu'on ne puisse les soupçonner
d'avoir détruit dans des vues peu généreuses. Voilà pourquoi la loi proposée veut que les biens acquis à titre gratuit fassent retour aux familles et que les autres genres
de biens tournent au profit d'établissements utiles [1].

En s'exprimant ainsi, le rapporteur de la loi ne reconnaît aucun droit à ces maisons qui vont ainsi s'enrichir des
dépouilles de l'être qui disparaît. L'État seul en est le propriétaire parce que ce sont des biens vacants, *des res
nullius* et c'est par pure générosité de sa part qu'il ne se les
attribue pas. S'il le faisait, aucun droit ne pourrait s'élever
contre le sien.

La théorie des droits de l'État reste donc entière. D'ailleurs ce pouvoir d'attribution complet et arbitraire qu'elle
lui confère n'a pas peu contribué à la faire adopter par
ses défenseurs inspirés par la crainte d'un trop grand développement de la puissance et la richesse des communautés.

Son injustice est manifeste ; elle apparaît choquante
même à l'esprit de beaucoup qui la soutiennent parce qu'ils
ne voient pas la possibilité d'une plus légitime solution.
N'en existe-t-il donc pas d'autre et le droit ne pourrait-il
dans notre cas se concilier avec l'équité ?

(1) Archives Parlementaires, Vol. XLII, p. 638.

Tous les auteurs ne l'ont pas pensé et nous nous trouvons en face d'une seconde théorie qui se refuse à considérer les biens d'une congrégation dissoute, comme biens sans maître et trouve celui-ci dans les religieux dont elle était formée.

« Nous croyons, dit Ravelet, que ce sont les membres qui succèderont à la congrégation. Ce n'est pas une véritable succession. La loi seule fait des héritiers. Mais cette personne civile n'est qu'une fiction. Les seules personnes réellement existantes sont les membres. La loi en les érigeant personne morale les dote de certains avantages, on ne peut dire qu'elle les dépouille de leurs droits pour en doter une personne tirée du néant. L'association n'est pas créée par la loi, elle est autorisée. En perdant l'autorisation, elle en perd les avantages, mais continue d'exister. Les droits retournent aux membres. Les biens se fixent sur leurs têtes. Ces membres sont comme ceux d'une société commerciale ou civile au lendemain de sa dissolution.

Toute autre solution nous semblerait contraire aux principes et souverainement immorale. [1] »

Le résultat de cette théorie est naturel. Il semblera logique à première vue qu'un corps disparaissant, ceux qui le composent deviennent ses héritiers. Il est juste aussi car le patrimoine commun aura été acquis souvent, augmenté toujours par l'apport et le travail de chaque membre.

Est-il soutenable en droit ?

----

(1) Ravelet, *op. cit.*

« Recommandable par son équité, dit un adversaire, il nous paraît nettement anti-juridique et nous ne voyons pas à quel titre les religieux pourraient prétendre à la propriété des biens acquis non par eux, mais par la congrégation, personne morale aujourd'hui supprimée. (1) »

L'obstacle au droit des membres, nous l'avons signalé plus haut en citant l'opinion de MM. Laurent et Orts : L'État en accordant la personnalité civile, crée un être complètement indépendant et nouveau. C'est cet être qui possède seul et sa disparition, par la volonté du pouvoir qui l'a fait naître, ne peut donner, sur son patrimoine, de droits à ceux qui n'en avaient aucun lorsqu'il existait.

Si on admet cette thèse on est obligé de refuser tout titre de propriété aux religieux. Si on pense, au contraire qu'elle est inexacte et que, déjà convaincue d'injustice, elle est encore fausse, leur droit par cela même en deviendra plus évident.

Une rapide étude des différents systèmes de la personnalité d'où ressortirait la véritable nature de celle-ci, la comparaison entre les congrégations reconnues et non reconnues, l'examen de leur situation, inégale en droit, mais beaucoup moins en fait et devant la loi, montreront que la capacité de leurs membres doit être au moins égale et que les droits des religieux sur les biens des congrégations reconnues dont ils font partie, sont, à la dissolution de celles-ci, juridiquement inattaquables.

(1) Fuzier-Herman, *op. cit.*, t. XII.

CHAPITRE II

NATURE DE LA PERSONNALITÉ CIVILE

I. — **Théorie de la fiction.**

En disant que les biens d'une personne morale dissoute
sont sans maître, des *res nullius* dont l'État devient
propriétaire, on admet que cette personne morale existe
uniquement par la volonté de l'État, qui l'a fait sortir du
néant, comme Pompée faisait surgir ses légions en frap-
pant le sol et lui a donné une vie purement fictive qu'il
lui retire lorsqu'il lui plaît.

Cette théorie est très-ancienne.

Elle a son origine dans un texte de Florentinus, qui
décide que, malgré la mort du *reus promittendi*, son héré-
dité non acceptée peut recevoir un fidéjusseur. Et il en
donne cette raison : *quia hereditas personæ vice fungitur :
sicuti municipium et decuria et societas* [1].

---

[1] *Institutiones,* liv. 8, titre : *De fidejussoribus,* XLVI, I, loi 22.

Au moyen âge, tout dominé par les souvenirs du Droit Romain, ce fragment frappa beaucoup les légistes. Ils en tirèrent l'idée de l'existence purement idéale et fictive de la personne morale, dont ils firent une entité, un *nomen juris*. Les canonistes les premiers appliquèrent ce mot de *persona* aux groupements et Innocent IV dans la Décrétale de Lyon (1245) faisait défense d'excommunier une *universitas*, donnant comme raison que celle-ci n'existe pas, n'est qu'une fiction, ne jouit que d'une existence incorporelle, idéale.

Au xviii° siècle, Püffendorf analyse et pousse très loin cette étude de la personnalité.

« Celle-ci, même celle de l'être physique, est pour lui une fiction, une abstraction : elle ne constitue pas autre chose que la réunion de certaines obligations et de certains droits rapportés à une *persona moralis*, à un sujet. Le droit ne se préoccupe pas de l'existence physique, il ne raisonne que sur cette personne morale. Cela posé, il y a des personnes juridiques simples, les individus, et des personnes composées, les associations. Dans cette seconde hypothèse les individus réunis, quel que soit leur nombre, n'ont plus qu'une seule et même volonté ou au moins sont censés n'en avoir plus qu'une seule et ne produire plus qu'une unique action. De là, Püffendorf conclut que dans ces personnes composées ou plusieurs êtres juridiques simples, réunis par quelque liaison morale, ne forment plus ensemble qu'une seule et même personne, il arrive que la société a certains biens ou certains avantages qu'aucun des membres de ce corps ne saurait légitimement s'attribuer en son particulier [1]. »

Cette conception n'a pas disparu avec les exagérations qu'en a tirées la Révolution française. A notre siècle reprise et renouvelée par Savigny, elle a reçu son complet développement dans les écrits de toute une école allemande.

« Savigny part de cet axiome juridique fondamental qu'il n'y a pas de droits sans un sujet de droits, que tout droit suppose essentiellement un être à qui il appartienne. D'autre part, c'est l'homme individuel seul qui, pour lui, est investi par la nature de l'aptitude à être sujet de droits, de la personnalité. Cependant c'est un fait qu'il existe des patrimoines vis-à-vis desquels on ne peut pas dire que des individus jouent le rôle de sujets de droits. Ces patrimoines, ces ensembles de droits existent donc sans sujets.

Il y a contradiction entre un fait : l'existence d'un ensemble de droits sans sujet et d'autre part cet axiome juridique qu'il ne peut exister de droits sans un sujet. Cette contradiction est résolue par l'*ultimum remedium* de la fiction qui plie les faits en les conformant au droit, au lieu de voir le droit se plier devant l'autorité du fait [2]. »

Savigny admet par là que le droit suppose l'existence d'un sujet de droits artificiel suppléant fictivement à l'absence d'un sujet de droits réel.

---

(1) Epinay, *De la capacité juridique des associations formées sans but lucratif.*

(2) Mestro, *Théories des personnes morales.*

D.   2

D'autres, comme Puchta, Kœsler, veulent que le droit crée de toutes pièces un être nouveau, un sujet de droits idéal.

D'autres enfin (Bœhlau) vont plus loin et supposent comme sujet de droits l'existence d'un individu fictif.

Mais toutes ces formes différentes d'une même idée, ne voient dans la fiction de la personnalité que l'ouvrage du droit objectif élaboré par l'État. Seul il a une autorité suffisante pour modifier à sa guise la réalité et la déformer fictivement dans le sens de la logique et du droit. Pour tous ces auteurs, la personnalité est une concession de l'État[1].

En dehors des droits accordés par lui, l'association ne peut agir, tout son pouvoir elle le tire de l'État et elle ne peut agir que tant qu'il la laisse vivre. La reconnaissance d'utilité publique et la capacité sont liées, l'une ne peut exister sans l'autre et elles disparaissent ensemble.

La législation en France sur les associations s'est inspirée de ces théories et, de tous les projets de loi dont le parlement s'est vu saisi sur cette matière dans ces vingt dernières années, aucun ne met en doute le pouvoir créateur et absolu de l'État[2].

----

(1) Mestre, *op. cit.*

(2) Projet sur les associations présenté par M. Waldeck-Rousseau (23 oct. 1883). « La personnalité civile est la *fiction légale*, en vertu de laquelle une association est considérée comme constituant une personne distincte de la personne de ses membres et en qui réside la propriété des biens de la société. »

Comparer la définition de M. Trarieux (Discours à l'Officiel du 22 mai 1881). C'est la constitution d'un être moral qui a le droit d'acquérir, de

Elle a, en effet, pour celui-ci, de très grands avantages. Elle assure la dépendance de toutes les corporations vues depuis la Révolution avec beaucoup de défaveur ; elle permet à l'État d'empêcher comme il le veut leur développement et celui des biens de main-morte, puis lorsqu'il lui plaît de leur retirer la personnalité, de devenir possesseur de tout ce qu'elles possédaient [1].

L'arbitraire de cette conception suffirait à la condamner, mais historiquement, logiquement et juridiquement, elle ne peut se soutenir.

Savigny et toute son école prétendaient tirer cette théorie du droit romain. Est-ce exact? En fait, un seul texte cité plus haut est en faveur de leur thèse et il n'est qu'une comparaison faite par Florentinus, un expédient grâce auquel on fait tenir à la succession la place du défunt. Mais aucun texte à Rome ne parle de fiction de la personnalité. Celle-ci, Gaïus la décrit, il ne la définit pas ni ne l'explique ; il la donne simplement comme une conséquence de se réunir, et l'appelle *corpus, universitas*. Ces deux mots

posséder, de disposer d'une manière générale, de transiger, de compromettre, de jouir en un mot de tous les droits civils que peut avoir, dans notre société, la personne majeure et reconnue par la loi.

(1) E. de Laveleye, *La crise religieuse au xixe siècle*. Article de la *Revue des Deux-Mondes*. Les biens ecclésiastiques ne sont pas la propriété individuelle des ministres du culte qui en jouissent personnellement, ils n'y ont aucun droit, ils appartiennent à un corps moral qui ne les possède qu'en vertu d'un privilège que l'État concède. Si l'État enlevait la personnalité civile aux cultes, ces corporations fictives cesseraient d'être, et leur domaine, n'ayant plus de maître, retournerait à l'État.

ont une même signification et désignent l'élément matériel de l'association, la réunion permise des êtres qui la composent. Le *corpus,* en effet, dans la langue juridique romaine, c'est la chose envisagée dans son individualité matérielle et dans son extériorité apparente et on lui oppose l'*animus*, qui est l'élément spirituel et volontaire [1]. Le *corpus* est la réunion matériellement envisagée des êtres physiques, leur agrégation rendue licite par une autorisation du prince conférant le *jus coeundi.* Pour les Romains « la personnalité, séquence nécessaire de l'autorisation administrative, n'est pas plus produite par elle que le soleil n'est produit par la nuit qui le précède, elle se base sur la réunion d'un élément matériel, l'agrégation permise, et d'un élément spirituel, la volonté de la divinité protectrice de l'*universitas* [2]. »

Cette conception se retrouve au moyen âge. Les glossateurs n'aperçurent point l'idée de fiction. Pour eux, l'*universitas* ne diffère pas, quant à sa nature, de la somme des individus qui la composent, les actes de ces derniers sont les actes de l'*universitas*, leurs volontés constituent la volonté de l'*universitas* elle-même.

Dans l'ancien droit français, nous retrouvons les idées romaines. On ne s'inquiète nullement, en droit public, de

---

(1) Digeste, loi **2**, *De usufructu,* VII, I.

Cette loi déclare l'usufruit éteint par la perte de la chose et en donne cette raison : *est enim jus in corpore, quo sublato et ipsum tolli, næsse est.*

(2) Epinay, *op. cit.*

la concession de la personnalité par l'État. Il fallait simplement une autorisation du pouvoir pour se réunir et s'assembler. La personnalité morale découlait sans effort, avec
une pleine liberté, de l'habilitation obtenue. Le pouvoir
royal, il est vrai, augmentait constamment son droit de
surveillance sur les associations et principalement les congrégations religieuses.

Par les édits de 1666 et de 1749, celles-ci sont soumises
à des mesures préventives et répressives d'une extrême
rigueur. On avançait ainsi rapidement vers la théorie moderne de la personnalité créée par l'État. « De la tutelle,
en effet, on peut passer logiquement à la personnification,
cela se fit au moyen d'une institution intermédiaire, celle
des compagnies de finance, de commerce et d'industrie qui
apparaissent au xvie siècle et se multiplient au xviie et principalement au xviiie siècle [1]. » C'était le germe d'une idée
qui allait naître en ce siècle. Mais « jamais le pouvoir
royal n'a considéré la personnalité civile comme une qualité d'ordre supérieur dont il eut le droit de gratifier ou
de priver une association. La juste intelligence des principes romains lui faisait envisager cette personnification
comme un attribut essentiel de toute communauté, attribut qui apparaissait en même temps que la corporation
elle-même [2]. »

La personnalité civile découlait du fait de l'existence

(1) Épinay, *op. cit.*
(2) Vauthier, *Les personnes morales dans le droit romain et le droit
français.*

licite de l'association et non de l'autorisation royale. Celle-ci était non une concession de la personnalité, mais une reconnaissance juridique de la corporation [1].

La théorie de la fiction légale est donc toute récente. Sans assises dans le passé, elle n'a été et ne pouvait être qu'un moyen transitoire destiné à faciliter les progrès du droit en établissant des règles juridiques dans un domaine où les principes reconnus ne trouvaient pas leur application. Ce fut un échafaudage qui servit à construire, mais qui doit être enlevé, la construction faite. Maintenant il serait encombrant et inutile [2].

Il ne serait pas plus logique. Comme l'a dit M. Van den Heuvel [3], dans ce système, la personne morale est un être fictif dépendant d'un autre être fictif, l'État. Sans entrer dans la discussion de la réalité de l'État, on voit ce que cet enchaînement de fictions se créant les unes les autres a d'illogique.

De plus, cette théorie crée un abîme entre les deux espèces de personnes que connaît le droit : les individus et les groupements. Loin de faciliter la vie des associations, elle ne leur procure que difficultés ; aussi voit-on son domaine diminuer de jour en jour. On n'admet plus comme fictives bien des entités que l'on considérait jadis comme telles : la communauté légale, par exemple.

---

(1) Domat, livre I, titre XV, section II ; livre I, titre II, section II, n° 14.
(2) Mestre, *op. cit.*
(3) Van den Heuvel, *La capacité des associations juridiques sans but lucratif.*

Enfin, beaucoup trop générale, elle amène des confusions contre lesquelles protestent les faits eux-mêmes. Quelle différence feront ses partisans entre la fondation et la corporation? Pour les deux termes, ce sera une même personne morale fictive, une abstraction personnifiée. Cela est vrai pour la fondation, œuvre d'humanité devant s'accomplir par des moyens déterminés, et dont ceux qui en font partie, parce qu'ils en bénéficient, sont indépendants. Mais c'est inexact pour la corporation qui est non une idée, un but, mais un groupe, une collectivité de personnes réelles et physiques qui sont l'assise nécessaire à la personne juridique.

La personnalité civile n'est donc pas une fiction, créée de toutes pièces par l'État et que, selon une heureuse expression, celui-ci débiterait comme les allumettes et les poudres à feu [1]. Le rôle de l'État s'est borné à limiter et à sanctionner la volonté que la nature avait attribuée aux individus, il n'est en rien un créateur, il assure simplement et limite l'exercice des volontés individuelles, limitations qui doivent d'ailleurs être le moins étendues possible.

Les groupements des individus ont une existence de fait absolument indépendante dans l'action créatrice de l'État. Comme les individus, ils ont une volonté propre, indépendante, au pouvoir de fait.

(1) Épinay, *op. cit.*

II. — **Théorie du contrat d'association.**

Contraire à l'histoire, à la logique, la théorie de la fiction a une conséquence voulue par ses partisans : la non-existence des associations non reconnues. La personnalité seule en effet, confère la vie et comme elle est fictive, elle ne peut exister sans un texte formel. Entre l'être personnalisé et le néant, il n'y a pas de milieu.

Ces résultats extrêmes n'ont pas été sans soulever de violentes critiques. Et c'est en Belgique où on avait tiré les conséquences les plus excessives de cette théorie qu'elle a été le plus vivement attaquée.

Pour M. Van den Heuvel [1], la personnalité n'est pas créée par l'État, aucun texte ne le montre, nulle part n'est déposée la justification de cette paternité bizarre. L'octroi de la personnalité correspond au fond à trois avantages : l'action, en justice, la distinction du patrimoine social et du patrimoine individuel et enfin le caractère mobilier du droit des associés. Ce sont des prérogatives qui ne nécessitent pas la création d'un être par l'État, mauvaise inspiration du moyen âge où le réalisme douait de vie les concepts abstraits. Les hommes seuls forment l'association, et la nature seule donne la personnalité. Les privilèges que la loi accorde aux membres d'une association, eux seuls en jouissent, et non l'individualité fictive que l'on imagine. La personnalité morale ne constitue pas un être artificiel

(1) Van den Heuvel, *op. cit.*

mis au monde par un ordre du législateur, mais une série de prérogatives concédées à des associés en chair et en os qui se sont réunis pour poursuivre un certain but désintéressé. Sans ces prérogatives les sociétés peuvent vivre et l'être fictif manquant, l'ensemble des associés fera, soit réuni, soit par mandataires, tous les actes juridiques qui lui seront nécessaires pour parvenir à son but.

Ce système part d'une idée tout opposée à celle de la fiction : la seule existence des membres. Il veut donner aux congrégations une vie plus indépendante, malheureusement ce point de départ ne peut s'y concilier avec ses conclusions. Il arrive en effet à nier l'idée de personnalité morale pour le remplacer par une autre idée, un concept vague, de la collectivité, de l'ensemble, de la pluralité. Pour détruire la fiction de personnalité, on ne considère plus que les associés, que leurs capacités individuelles que l'on transforme en dernier lieu, en une entité capable et agissante.

C'est aussi pour délivrer les congrégations de l'omnipotence de l'État que M. de Vareilles-Sommières veut faire relever la question de l'association du pur droit civil. Pour lui aussi, la personnalité est une chose inutile, entravante. Le jeu des principes sur lesquels s'appuie notre Code suffit à légitimer la pleine capacité des associations. L'arbitraire des parties en matière de contrats jouit en France d'une entière indépendance. Quand on a besoin d'un contrat non énuméré dans le titre des obligations, on a la permission d'en faire un innommé (C. civ., art. 1107). Les règles

de ce contrat ainsi créé se tirent par analogie du contrat
le plus voisin. L'association désintéressée devient un contrat innommé et elle aura les mêmes droits, les mêmes
pouvoirs qu'une société civile. Elle recevra les donations,
passera les contrats sous la protection du droit civil. Dans
ces contrats les associés *ut universi* ou bien un de leurs
mandataires parleront et agiront (art. 1859, C. civ.). Le patrimoine appartiendra aux coassociés *ut universi*.

Et l'on n'a pas à craindre la main-morte car, ou l'association aura une durée limitée, ou, si elle est illimitée,
d'après l'art. 1859 du Code civil, la volonté d'un seul
des associés opérera, effectuée de bonne foi et non à contre-
temps, la dissolution du lien social [1].

Cette théorie qui placerait les congrégations dans le
droit commun, ne peut malheureusement pas se justifier.
Les sociétés laïques peuvent vivre licitement et librement,
pour les congrégations il n'en est pas de même. On ne peut
écarter purement et simplement les lois de 1790-1792,
18 germinal an X, les décrets de messidor an XII et de 1880.
Ces textes ont supprimé les établissements religieux, ceux-
ci ne peuvent se former et vivre sans l'autorisation administrative.

La thèse de M. Vareilles-Sommières n'est pas non plus
exacte dans son fondement. Les congrégations se distin-
guent des sociétés civiles par leur nature et leur objet. Ce
n'est pas le désir de réaliser des bénéfices qui les fait naî-

[1] De Vareilles-Sommières, *Le contrat d'association et la loi.*

tre, mais un but désintéressé ; elles sont complètement détachées de l'*animus lucri* qui est l'unique préoccupation des membres d'une société civile. Ce n'est pas non plus le désir des religieux de créer l'image d'une société intéressée, ils n'ont jamais attendu de bénéfices et n'en espèrent aucun. Pour cette raison le contrat d'association ne peut être un simple contrat de société [1].

La théorie de la fiction de Savigny critiquée, discutée en France et en Belgique avait amené à la négation de la personnalité civile. — En Allemagne où elle avait pris naissance, elle tomba aussi en discrédit; mais les juristes que le problème de l'association tourmenta combattirent le système de Savigny pour arriver à une notion plus parfaite de la personnalité. Il ne pouvait d'ailleurs pratiquement avoir grande influence dans une contrée où de tout temps l'association avait été très florissante et le pouvoir divisé en une grande quantité de souverainetés.

La fiction que Savigny traitait comme une personne, n'est plus considérée que comme un artifice juridique.

Pour Ihering [2], les membres qui composent l'association constituent les ayants droit et les destinataires de l'être moral. Extérieurement sans doute, on croit la communauté investie de tous les droits partiels, mais dans la réalité elle ne fait simplement que les exercer. On ne doit pas perdre de vue que l'homme est le seul destinataire du

(1) Épinay, *op. cit.*
(2) Ihering. *Jahrbücher für die dogmatik des heutigen romischen deutscher Privatrecht.*

droit ; la personne civile ne constitue qu'un mécanisme ar
tificiel servant à faciliter la poursuite du droit ; elle est « la
forme spéciale dans laquelle les membres isolés manifes
tent leurs rapports juridiques avec le monde extérieur (1). »

Ihering, il est vrai, diminue les droits des membres e
les subordonne aux droits des générations futures. Le pou
voir social a le rôle d'allier les intérêts du présent et ceux
de l'avenir. C'est là le point faible de son système, le même
que dans celui de M. de Vareilles-Sommières. En voulan
assurer l'existence du groupe et en diminuant pour cela le
droits des membres, ou plutôt en voulant en faire des droits
d'une nature particulière, *sui generis*, on est amené à don
ner à l'État un pouvoir de direction qu'on lui niait tou
d'abord et qu'on ne précise pas.

L'État redevient dans la pratique tout-puissant et exerce
les mêmes droits que théoriquement la fiction lui attribuait.

III. — **Théorie de Gierke.**

. Voilà donc un résultat, identique de deux systèmes nette
ment opposés : Droits des membres *ut singuli* seuls re
connus, disparition complète au contraire de ces droits de
vant ceux d'un être fictivement créé de toutes pièces par
l'État : les théories extrêmes en arrivent à reconnaître la
subordination complète des membres et de leurs droits à
une personne dépendante ou indépendante d'eux, résul
tat du simple fait de leur réunion ou d'une création de
l'État. Des deux côtés les membres disparaissent dans la

(1) Épinay, *op. cit.*

congrégation sur laquelle le pouvoir civil exerce la même domination.

Ces systèmes méconnaissaient la nature véritable de leur communauté et ne tenaient aucun compte de la volonté qui joue cependant un grand rôle en matière d'association. Cet élément sert de base à la théorie de Gierke qui prend une importance de plus en plus grandissante.

Gierke [1] considère les associations, non pas comme des fictions, mais comme des réalités, plus même que des réalités, comme des personnes réelles collectives. S'inspirant de théories de Blüntschli et Spencer qui font de l'État un organisme vivant, il en déduit l'existence d'organismes inférieurs qui sont les associations. Elles sont pour lui, des organismes volontaires basés sur une volonté commune distincte de celle des associés *ut singuli*. Les individus, en s'associant, forment une personne collective réelle. La conclusion est que l'État ne crée point les personnes dites morales, elles sont œuvres de l'autonomie de la volonté des individus; la puissance publique pas plus qu'elle ne tire du néant les personnes physiques, ne saurait en tirer les personnes morales. Son rôle est de porter une règle de droit reconnaissant l'existence d'un nouvel être juridique et son pouvoir d'exercer des droits dont les membres l'investissent volontairement. Ils se reconnaissent parties d'un tout qu'il ont conçu et qui veut et agit à leur place. L'État, en conférant à ce tout la personnalité

---

(1) Gierke, *Die genossenschafstheorie.*

juridique, se borne à protéger et fixer le mode nouveau d'existence qu'ils ont établi [1].

Quelle serait donc, dans cette théorie, le droit de l'État sur les biens d'un corps qui existait indépendamment de lui et dont les droits ont été fixés par ceux qui l'ont conçu?

Il ne peut en exister aucun. Celui des membres au contraire apparaît nettement. Eux seuls selon l'expression d'Ihering, sont les vrais titulaires (*inhaber*) des droits dont le groupe est, par leur volonté, simplement porteur (*træger*).

[1] Épinay, *op. cit.*

CHAPITRE III

PERSONNALITÉ DE FAIT DES CONGRÉGATIONS NON RECONNUES
SA NATURE ET SES EFFETS

I. — Situation légale des congrégations non reconnues.

L'État, nous venons de le voir, n'est pas créateur de la personnalité, simple résultante de la volonté des membres; son rôle se borne à une reconnaissance et à un contrôle.

Cette reconnaissance de l'État a une raison d'être : donner droit de cité aux congrégations et les mettre à l'abri d'une menace immédiate de dissolution de la part du Gouvernement. Elle a aussi un but : donner aux congrégations des avantages que celles-ci ne pourraient avoir en son absence.

La reconnaissance d'utilité publique est la marque que l'État voit avec faveur la création et le développement de l'établissement qui en est l'objet, elle doit être telle ou sans cela elle ne serait qu'une chaîne par laquelle nulle association ne voudrait être liée. Elle ne peut exister que dans l'intérêt de ceux à qui elle est octroyée et pendant sa durée comme après son retrait elle ne peut leur faire une situation plus défavorable.

En est-il véritablement ainsi?

Pour en juger il faut examiner rapidement l'état des congrégations qui ne sont pas reconnues.

Ces congrégations n'ont pas d'existence légale, elles ne peuvent ni aliéner, ni acquérir, ni passer des contrats, ni recevoir, ni donner, ni agir en justice. Cependant elles vivent et se développent même de façon à inquiéter beaucoup d'esprits. Usant simplement des droits de tous les citoyens, elles parviennent à avoir une situation sinon très facile, du moins très supportable et à accomplir sans trop de difficultés tous les actes nécessaires au but qu'elles remplissent.

Si on passe en revue très sommairement les actes les plus importants, c'est-à-dire les acquisitions, on voit que la théorie et la jurisprudence les leur défendent ou les annulent.

Aquisitions à titre gratuit. — Ni directement, ni indirectement la congrégation ne peut en faire, c'est là une vérité d'évidence, disent les auteurs, le néant ne peut acquérir. Tous les juristes sont d'accord pour reconnaître cette absolue incapacité. Les arguments sont nombreux en faveur de leur opinion, quant à la jurisprudence elle n'a pas varié dans le système d'annulation de dons ou de legs faits à des congrégations non autorisées. Un être collectif qui ne peut se réunir *a fortiori* ne peut recevoir [1].

---

[1] Dalloz, *Jurisprudence générale : Cultes.* Fuzier-Herman, *op. cit.* Béquet, *op. cit.*

Aquisitions à titre onéreux. — Le principe est le même. Incapacité complète, que ce soit sous forme de dot ou de vente. La Cour de cassation a même annulé le contrat d'entrée en religion comprenant le paiement d'une somme fixée à titre de dot ou de trousseau en échange des avantages à venir de la vie commune [1].

La conséquence est que toutes les acquisitions faites par les congrégations seront frappées de nullité. Ces congrégations ne pourront prospérer, s'accroître de quelque façon que ce soit. On les condamne, dit M. Van den Heuvel au rôle de lazaroni napolitains dormant la tête à l'ombre et les pieds au soleil [2].

II. — Situation de fait des congrégations non-reconnues.

Leur situation légale, on vient de le voir, n'est pas brillante, mais en fait, elles sont parvenues à tourner les prohibitions de la doctrine et de la jurisprudence et à obtenir indirectement ce qu'elles ne pouvaient acquérir directement.

Et tout d'abord les nullités dont sont frappées leurs acquisitions n'empêchent pas celles-ci de profiter aux congrégations. Pour qu'elles puissent être frappées de caducité, les auteurs ou les héritiers de ces acquisitions devront en demander la nullité, demandes qui sont prescrites dans le délai de trente ans Ce temps écoulé, la congrégation de détenteur précaire, devient possesseur véritable. Et ce mode

(1) Cour de cassation, arrêt du 9 nov. 1859 (Sirey, 60.1.37 : Dalloz, 60.1.70).
(2) Van den Heuvel, *op. cit.*

d'acquisition ne manque pas d'importance principalement
pour les dons et legs. En effet, par respect de famille ou
sentiment religieux, les héritiers du donateur pourront
très souvent n'élever aucune réclamation à la mort de
celui-ci.

Mais en dehors de ce moyen légal, incertain et en tout
cas de longue attente, les congrégations sont arrivées à
augmenter leur patrimoine et à lui donner de la fixité par
deux clauses très importantes : les clauses d'adjonction et
de réversion.

La première affecte l'être moral, la seconde se préoccupe
des biens. L'une a pour but de donner de la durée, de l'unité
à la communauté, l'empêcher d'être une simple réunion
momentanée, un rassemblement passager d'individus. Par
son effet les membres s'ajoutent aux membres et la grande
famille de la congrégation se complète sans cesse. Le congréganiste qui entre dans le sein de la communauté ressemble à l'héritier qui accepte une succession. A son
exemple, il continue la personnalité de ceux qui se sont
retirés de l'association ; il prend sa part des frais qu'en-
traîne l'œuvre entreprise. Il paie la dette qui résultera, à la
charge de ses coassociés de son entretien pendant la durée
de la vie en commun. Il devient enfin titulaire de la fraction
aliquote de propriété dans les biens sociaux, susceptible
de s'augmenter ou de diminuer suivant les variations qu'a-
mènera l'avenir dans le personnel de la congrégation [1].

(1) Épinay, *op. cit.*

Cette situation de copropriétaire, de coassocié a un danger. Qu'un membre vienne à mourir ou quitte la communauté, ses héritiers dans le premier cas, lui-même dans le second vont réclamer sa part des biens.

La clause de réversion va obvier à ce péril et garantir la permanence et la fixité des richesses corporatives. Grâce à elle, l'association non autorisée se peut considérer sûre de son avenir patrimonial comme de son avenir en personnel. A chaque fois que la mort ou la retraite fera perdre à l'association un de ses membres, sa part dans l'actif social accroîtra au groupe des survivants ou mieux des restants [1].

Par ces deux clauses parfaitement licites [2] puisque les lois fiscales les mentionnent et les frappent d'un impôt élevé, les congrégations ont pu assurer leur avenir et, acquérant le pouvoir d'augmenter leur patrimoine sans que celui-ci courût le risque perpétuel d'un partage toujours possible, elles ont ainsi véritablement formé une personne morale que les lois ne reconnaissent pas, mais qui, en fait, s'est imposée à la jurisprudence et qui intervient dans tous les contrats. Entre l'être et le non-être disaient les théoriciens, il n'y a pas de milieu ; sans la reconnaissance de l'État, c'est le néant absolu, l'existence complète. Les membres seuls ont des droits et peuvent les exercer. Cet argument, résultat de la théorie de la fiction, l'équité et la

(1) Épinay, *op. cit.*

(2) Le but très restreint de ce travail ne permet pas d'approfondir ces deux clauses.

nécessité en ont fait justice. Les congrégations non reconnues existent et, indépendamment de leurs membres, elles
sont douées d'une certaine autonomie, elles ont une personnalité de fait.

Et celle-ci n'est pas une création de la jurisprudence
voulant traiter plus équitablement les associations ou d'une
théorie donnant ainsi une explication en rapport avec la réalité. En parcourant l'histoire, on voit que de tous temps ces
organismes ont existé. Dans notre ancienne France, ce sont
les confréries et les compagnonnages que Charlemagne
établit en 779 et en 786 et que Philippe le Bel supprima en
1305, qui subsistèrent malgré tout et jouèrent un rôle considérable dans l'organisation du travail. Ils agirent dans le
monde du droit, possédèrent des locaux souvent somptueux
comme dans le Nord, furent l'âme de la plupart des émeutes
et le souci constant des rois et des seigneurs. Ils restèrent les
défenseurs les plus fermes des libertés des pays flamands.

Non seulement les êtres collectifs, mais les êtres physiques eux-mêmes eurent besoin de la personnalité de fait.
Ce fut l'état des protestants restés dans le royaume de
France après la révocation de l'édit de Nantes en 1685. On
les répute convertis au catholicisme, ils vivent sous l'empire de cette fiction bizarre inventée par l'esprit délié des
juristes du temps. Sans situation juridique dans la société,
ils constituent de véritables personnes physiques non reconnues, ne faisant pas dresser d'actes de naissance, conconcluant leur mariage dans le secret et le mystère [1].

(1) Épinay, *op. cit.*

Dans le droit moderne, on peut faire les mêmes constatations. Elles sont nombreuses dans tous les domaines. En droit international, les états étrangers ont la personnalité civile dans les états qui les ont reconnus, par ce fait même. « Je me range, dit M. Laurent dans son ouvrage de droit civil international, à l'opinion générale et j'admets que l'État existe comme personne juridique dès qu'il est reconnu comme personne indépendante par la diplomatie. »

Mais il peut arriver que des parties d'un État se détachent de lui, qu'il s'établisse des gouvernements ennemis. Lequel sera reconnu par les états étrangers. Le coup d'État du président Balmaceda au Chili en a été un exemple. La Cour de Paris admit un État de fait à agir devant la justice en France et à réclamer le bénéfice des contrats passés antérieurement par le gouvernement régulier du pays, alors que celui-ci était en paix. La réalité du pouvoir, la possession des principaux moyens d'action de la puissance politique, tels sont les critériums admis pour reconnaître un État.

La même question à propos du Saint-Siège, s'est posée dans le procès Plessis-Bellière. Souverain d'aucun territoire, sans puissance temporelle, le Saint-Siège possède-t-il, en France, la personnalité civile? Dans un remarquable article de la *Revue de droit public* (tome I) qu'il consacre à cette étude, M. Ducrocq n'hésite pas à répondre affirmativement à cette question [1].

Le droit commercial et le droit administratif connaissent

[1] *Revue de droit public*, tome I, article de M. Ducrocq :
Les établissements publics étrangers et d'utilité publique conservent

eux aussi et consacrent les personnalités de fait [1]. Elles se sont imposées dans toutes les branches du droit et « de même que le pur droit civil place la résidence à côté du domicile, la possession d'État à côté de la filiation régulièrement prouvée par l'acte de naissance, la possession enfin à côté de la propriété, notre droit public doit à son tour renoncer à voir dans l'État la source unique de la personnification et consentir à naturaliser sans se faire prier, dans son domaine, sous le titre de personnalité de fait, l'organisme collectif, vivant tantôt sous la prohibition, tantôt sous la tolérance administrative [2]. »

Il est donc naturel que les congrégations profitent également de cette facilité d'existence qui est faite aux collectivités non reconnues par l'État, et la jurisprudence, tenant compte des nécessités, a, par de nom-

en France le bénéfice de leur personnalité civile. Ils peuvent même y acquérir à titre gratuit (loi du 14 juill. 1819).

Un avis du Conseil d'État (12 janv. 1854) reconnaît que :

1° Ces établissements peuvent recevoir des dons et legs de biens meubles et immeubles ;

2° Ces dons et legs n'ont d'effet qu'avec l'autorisation du gouvernement français.

(1) 1° En cas de liquidation, la société commerciale est réputée subsistante pour les besoins de la liquidation.

2° Loi du 5 avril 1884. — L'art. 11 admet à recevoir un don ou un legs un hameau ou un quartier de commune n'ayant pas encore la personnalité civile. Les habitants en ce cas élisent une commission syndicale qui délibère sur l'acceptation de la libéralité, et l'autorisation définitive est accordée par un décret rendu dans la forme des règlements d'administration publique.

Épinay, *op. cit.*

breux arrêts, affirmé nettement la personnalité de fait.

Sans entrer dans l'analyse de ces arrêts dont la plupart sont très connus, il faut cependant mentionner ceux qui ont été le sujet des plus vives controverses et dont la doctrine s'est emparée, soit pour les critiquer, soit pour appuyer ses théories.

C'est d'abord un arrêt de la Cour d'Alger (1), rendu dans l'affaire Parabère. Celui-ci avait acquis une maison pour l'ordre des Jésuites. A sa mort des frères utérins revendiquèrent cette maison. La Cour d'Alger les débouta de leur action contre les Jésuites. L'immeuble avait été acquis avec les deniers de la communauté « et » dit l'arrêt « à côté de la non-existence légale des congrégations, il y a leur existence de fait. Les tribunaux ne sauraient admettre qu'une association religieuse non-reconnue, mais existant au grand jour, avec la tolérance de l'État puisse être dépossédée par tout venant des biens qu'elle détient....., ils ne sauraient investir les héritiers sans substituer une possession injuste à une possession irrégulière. » Confirmation de la Chambre des requêtes se basant toujours uniquement sur le caractère de fait de la question discutée.

Des revendications semblables à celle des frères du père Parabère se produisirent et elles furent toujours repoussées. C'est la cour de Toulouse, et après elle la Cour de cassation qui, en 1870, rejettent les prétentions des héritiers de Lacor-

____

(1) Dalloz, 1869. 1. 313.

daire [1]. C'est la Cour d'appel de Liége qui refuse aux héritiers des béguines la revendication des biens qu'elles avaient achetés à l'État pour reconstituer leur corporation dissoute (20 juillet 1880) [2].

De ces exemples on peut rapprocher l'affaire du cercle de Rodez. Celui-ci occupait un immeuble acheté par des membres d'une loge maçonnique pour servir à celle-ci de lieu de réunion. Se fondant toujours sur le droit de propriété des acquéreurs en nom, leurs héritiers revendiquèrent cet immeuble. S'appliquant à une société d'esprit différent, ce sont les mêmes conditions que précédemment. Là non plus aucun élément constitutif de main-morte ne manque : existence indépendante de celle des associés, patrimoine également indépendant, permanence et perpétuité de l'institution. Aussi le tribunal de Rodez et la Cour de Montpellier déboutèrent-ils successivement les demandeurs de leur action (17 avril 1893).

M. Beudant voit là des biens sans maître qui ne vont pas à l'État et qui appartiennent à la destination à laquelle ils se trouvent affectés, à laquelle ils resteront indéfiniment affectés, nul n'ayant qualité pour agir en revendication contre les détenteurs de fait. C'est, dit-il, la main-morte définitive par affectation de fait [3].

C'est que M. Beudant ne veut pas admettre à côté de

(1) Sirey, 70. 1. 342.
(2) Sirey, 82. 4. 1.
(3) Note sous Dalloz, 1894. 2. 320.

la personnalité légale octroyée par l'État créant un être capable de posséder et d'agir en justice, un être de fait jouissant à peu près des mêmes droits ; et la logique de son raisonnement le force à conclure qu'il peut y avoir des biens sans propriétaire, en négation de l'axiome : sans propriétaire pas de propriété. En admettant, au contraire, comme le font les tribunaux, que la communauté constitue, en dehors de ses membres, un organisme vivant et agissant, on reconnaît qu'elle peut par cela même être investie de la possession de biens dont les maîtres existent dans la personne des membres de la communauté et que la commune volonté de ceux-ci attribue à cette même communauté. Et non seulement elle pourra repousser les prétentions non justifiées de prétendus héritiers, mais encore d'autres jugements plus hardis lui concèdent le droit d'agir en revendication. Un arrêt de cassation de 1845 affirme qu'il y a vol même quand une congrégation en est la victime. Et dans le cas présent, celle-ci (la compagnie des Jésuites) avait droit à la restitution des objets volés, elle eut pu se porter partie civile au procès qui se déroulait en cour d'assises [1].

La cour de Bruxelles reconnaît la Grande-Chartreuse comme société de fait et punit les contrefaçons dont son produit peut être l'objet [2].

La conclusion qui se dégage de tous ces arrêts, c'est que

[1] Dalloz 45. 1. 478.
[2] Sirey, 83. 4. 38.

la personnalité de fait, acceptée dans tous les domaines du droit est aussi reconnue au corps de main-morte et que la jurisprudence d'abord hésitante à l'appliquer aux congrégations s'est fixée définitivement dans ce sens.

Cette personnalité donne aux communautés le droit à l'existence, elle leur permet d'agir pour la défense de leur patrimoine et la reconnaissance de leurs intérêts, et par le moyen des clauses d'adjonction et de réversion elle leur procure la facilité de l'acquérir à titre onéreux. Elle se rapproche ainsi singulièrement de la personnalité civile dont elle apporte presque tous les avantages.

Elle ne changera cependant pas la nature des droits des religieux. Elle ne sera jamais qu'un moyen dont ils vont se servir pour exercer des droits dont ils sont seuls investis et que la congrégation devenue personne de fait ne possèdera jamais que pour leur compte.

Tous les canonistes sont unanimes sur ce point que les religieux constituent les véritables propriétaires en commun et indivis des biens du couvent que ne possède nullement un être fictif ou moral distinct des individus. La congrégation se confond avec les individus qui la composent; « il n'y a pas en elle l'ombre d'un établissement de main-morte, affirme le savant bollandiste de Bück et si les congréganistes dissipent le bien de la communauté, ils dissipent leurs propres biens tout en violant de très graves devoirs (1). »

(1) Épinay, *op. cit.*

III. — **Dévolution des biens des congrégations non reconnues.**

A la disparition d'une congrégation non reconnue, soit par défaut de membres, soit par retrait de l'institution canonique, soit à la suite d'une dissolution administrative (les causes de dissolution sont les mêmes que pour les congrégations reconnues), le sort des biens se règle sans aucune difficulté. Le droit de propriété des membres est appliqué et l'organe directeur de la communauté, en vertu des statuts ou de la décision de l'assemblée générale des religieux partagera entre ceux-ci l'actif du corps qui disparaît ou l'attribuera à des établissements similaires.

Ce droit de partage n'est cependant pas reconnu par tout le monde. Certains auteurs prétendent que les biens ayant été acquis pour l'association, il est difficile de trouver un fondement juridique aux droits qu'invoqueraient les associés sur ces biens. Il faudrait d'abord exclure du partage, pour les rendre à leurs anciens et vrais propriétaires, les biens provenant de personnes pouvant encore, par elles-mêmes ou par leurs ayants-cause, exercer leur droit de revendication. Et quant aux autres biens, si la communauté n'a pu les acquérir, comment en peut-elle transmettre la propriété à ses membres qui n'ont pas figuré à l'acte. Pour qu'une telle solution soit fondée en raison et en droit, il faut admettre que les biens sont acquis par l'ensemble des religieux unis par les liens civils de l'association, et non par la communauté elle-même. Or, c'est l'opinion inverse qui prévaut [1].

Nous retrouvons ici, formulées dans les mêmes termes et s'appuyant toujours sur la théorie classique de la fiction, les raisons qu'on invoquait contre le droit de propriété des membres des congrégations reconnues.

Le résultat auquel aboutissent ces auteurs est l'attribution des biens à l'État. Il est choquant, eux-mêmes le reconnaissent et considèrent l'autre solution comme plus équitable. Mais ils la trouvent juridiquement impossible. Est-ce à raison?

Ils veulent exclure du partage les donateurs pouvant exercer une revendication. Quel droit ceux-ci invoqueraient-ils. Ils se sont dépouillés irrévocablement en faveur de l'association dont ils connaissaient l'instabilité d'existence et les incertitudes juridiques. La donation qu'ils ont faite n'était grevée d'aucune condition résolutoire et la dissolution de la communauté n'en fera généralement pas cesser la destination.

On ne saurait non plus appliquer les textes spéciaux qui s'occupent de la dissolution des personnes morales (Loi du 15 mai 1850 sur les sociétés de secours mutuel, art. 191 ; loi de 1825 sur les congrégations de femmes, art 7 ; loi du 12 juillet 1875 sur les établissements libres d'enseignement supérieur) [2].

---

(1) Fuzier-Herman, *op. cit.*, t. XII.

(2) Ces textes ne peuvent être étendus à d'autres situations. « Ils apparaissent plutôt comme l'expression d'un idéal à accomplir que comme la réalité » (Épinay, *op. cit.*).

La communauté qui est investie de la possession des
biens et qui exerce les droits des membres est le résultat
de leur commune volonté. Il est juste que cette volonté
lorsque l'organisme qu'elle a formé disparaît, fixe et règle
comme il lui convient tout ce qui en dépend et lui appartient. Son arbitraire ne doit rencontrer aucun obstacle, et
s'il lui plaît d'opérer le partage entre les membres, alors
que les statuts ne s'y opposent pas, il le pourra sans violer
aucun principe. La volonté commune qui avait donné la
vie à l'être collectif s'étant éteinte, rien doctrinalement
n'empêche chacune des volontés particulières qui subsistent d'opérer la mutation du tout à la partie [1].

Ainsi pouvant par leur commune volonté former un être
moral doué de la personnalité de fait reconnue par la jurisprudence, pouvant agir en justice pour la défense de leurs
intérêts et pour augmenter les biens communs, dans une
large mesure, ayant enfin le droit, à la dissolution de leur
communauté, de se partager son actif, les membres des
congrégations non autorisées jouissent d'une situation très
avantageuse.

Combien serait illogique l'institution de la personnalité
morale si son effet était de soumettre les congrégations qui
l'obtiennent à un régime moins libéral, si ne leur donnant
en réalité pas plus de facilités d'existence que n'en acquiè-
rent par la personnalité de fait les congrégations non
reconnues, elle se résolvait en fin de compte à donner à

(1) Béquet, *Répertoire de droit administratif*, n° 2178; Épinay,
op. cit.

l'État un droit de contrôle sévère sur les actes d'établissements dont le but et la raison d'être sont en dehors de ses attributions et à lui reconnaître la propriété du patrimoine le moins riche et le moins susceptible de s'augmenter dans de grandes proportions.

CHAPITRE IV

RÉGIME FISCAL DES CONGRÉGATIONS

Les biens des congrégations non reconnues appartiennent aux membres qui se les partagent en cas de dissolution. Ce seraient autrement des biens sans possesseurs, ce qui serait contre la raison et le droit. Doit-il en être de même pour ceux des congrégations reconnues?

De la nature de la personnalité civile, identique à celle de la personnalité de fait, puisque ces personnalités prennent toutes deux naissance dans la commune volonté des religieux, de son but également, se tire nécessairement la réponse affirmative.

La reconnaissance d'utilité publique ne peut être la cause d'un traitement moins avantageux et après avoir montré ce qu'elle est réellement, c'est-à-dire le simple établissement d'un nouveau mode d'existence choisi par les intéressés[1], les critiques que l'on fait au droit des congréganistes de se partager les biens ou de leur donner l'affec-

(1) Épinay, *op. cit.*, tire du système de Gierke cette définition de la

tation qui convient à la majorité si les statuts sont muets, ces critiques tombent d'elles-mêmes.

La reconnaissance, nous le redisons encore, ne crée pas de toutes pièces un être spécial, indépendant et investi de droits propres. Résultat de la volonté réfléchie des membres, il possède mais pour le compte de ceux qui l'ont formé, de ceux que sa fin, par leur vouloir commun ou une cause indépendante, ne fait pas disparaître et dont les volontés particulières, comme dans les congrégations non reconnues, ont librement le droit de s'exercer.

Elle ne peut donc être un obstacle pour le droit de partage, elle n'enlève aucun droit fondamental aux membres, elle n'est qu'un vêtement.

Ce vêtement est nécessaire pour paraître dans la vie juridique, comme il est indispensable aux individus dans la vie sociale, mais il ne change rien à la nature de ceux qui le portent et son retrait retire simplement les avantages extérieurs qu'il avait donnés.

Cette conclusion est équitable et juridique.

Il est de toute justice que les membres qui ont contribué par leurs ressources pécuniaires, par leur intelligence ou leur travail à créer et à augmenter le patrimoine d'une congrégation puissent se le partager lorsqu'une cause quelconque brise le lien moral qui les unissait. L'Église elle-

création d'une association : l'établissement de modes nouveaux d'existence par une volonté que protègent et délimitent des règles juridiques émanées de l'État : organe souverain du droit.

même ne peut voir d'un œil défavorable cette solution car,
la plupart du temps, les religieux ainsi dispersés entre-
ront tous dans un établissement d'ordre similaire à celui
qu'ils viennent de quitter et les biens qu'ils apporteront
avec eux recevront la même destination, permettront d'accomplir le même but (1). Ce qu'on ne pouvait faire directement, si la loi ou le décret de dissolution sont muets sur
ce point, on le fera indirectement et plus équitablement,
car ce sera du plein gré des véritables propriétaires.

Cette solution est donc juste et ne lèse ni les droits des
religieux, ni les intérêts de l'Église. Elle n'appartient d'ailleurs pas uniquement à la doctrine, il en fut fait application alors que le système de Savigny n'avait pas encore
établi le pouvoir de l'État en cette matière. C'est ainsi
qu'en 1776, Turgot, en supprimant les corporations pro-
fessionnelles, les jurandes et les maîtrises, avait prescrit
la vente de leurs biens et l'attribution du prix ainsi obtenu,
deducto ære alieno, non pas à l'État, mais aux associés
ut singuli. Le droit de l'État s'exerçait non pas sur les
biens, mais seulement sur les assemblées des corps.

Actuellement le même principe règne dans d'autres législations. En Suisse, notamment, à la dissolution de sociétés à but idéal ayant la personnalité
civile, l'assemblée générale de ces sociétés décide du
sort des biens sociaux et les attribue soit à des éta-

______

(1) En tout cas il sera facile, lors de l'institution canonique, à l'autorité ecclésiastique d'exiger que les statuts règlent l'attribution des
biens en cas de dissolution.

D.   4

blissements similaires, soit aux associés liquidataires.

En France même, le droit de propriété de l'État sur les biens des congrégations dissoutes est méconnu, puisque à l'extinction d'une maison particulière, les biens ainsi que les membres font retour à la maison-mère [1].

Existant dans les législations étrangères, et, sur un point particulier, en France même, ce droit des religieux sur les biens de la communauté découle pour nous de l'identique nature des corps religieux reconnus ou non et de la similitude de leur situation.

Une dernière preuve de cette égalité de situation et non la moins importante, est fournie par le régime fiscal auquel les congrégations sont soumises actuellement.

Le système repose sur les lois de 1880, du 29 décembre 1884 et du 16 avril 1895. Dans toutes ces lois, le législateur ne se préoccupe pas de la personnalité, il ne fait aucune différence entre les congrégations reconnues et celles qui ne le sont pas [2]. Il les met sur le pied d'égalité vis-à-vis des impôts qu'elles devront supporter.

La loi de 1880 (28 décembre) établissait le droit d'accroissement et l'impôt sur le revenu. Pour percevoir le premier il fallait : 1° une clause d'adjonction affectant l'être

---

(1) Ravelet, *op. cit.*

Un avis récent du Conseil d'État (24 juin 1891) déclare cependant le patrimoine des maisons particulières indépendant de celui des maisons-mères.

(2) Chambre des députés, 4 juin 1892. Discours de Rouvier. « On écarte la fiction de la personnalité civile pour s'en tenir à la réalité du fait. »

moral débiteur de l'impôt ; 2° une clause de réversion affectant le bien soumis à l'impôt. Cette deuxième condition manquait absolument pour les biens des congrégations reconnues. D'ailleurs après bien des vicissitudes, la jurisprudence finit par décider que cette thèse ne s'appliquait pas non plus aux congrégations non reconnues [1].

L'impôt sur le revenu visait la circulabilité extérieure alors que le droit d'accroissement visait la circulabilité intérieure des biens. L'art. 3 de la loi de 1880, pour y soumettre les congrégations non reconnues, leur reconnaît la personnalité de fait :

« Les mêmes dispositions s'appliquent aux associations reconnues et aux sociétés et association même de fait existant entre tous ou quelques-uns des membres des associations reconnues ou non reconnues. Le revenu est déterminé, à défaut de délibérations et déclarations, à raison de 5 p. 100 de l'évaluation détaillée des *meubles et des immeubles composant le capital social* [2]. »

[1] A. Robert, *Le droit d'accroissement.*
[2] Cette taxe fut portée à 7 p. 100.

La loi de 1880 créait pour les congrégations reconnues une situation tout à fait désavantageuse. Nous empruntons au livre de M. A. Robert, *Le droit d'accroissement*, un tableau comparatif des impôts que supportaient vis-à-vis des sociétés anonymes les communautés religieuses.

	SOCIÉTÉS ANONYMES.	CONGRÉGATIONS	
		AUTORISÉES	NON AUTORISÉES.
	—	—	—
Droit d'accroissement.		13 p. 100	13 p. 100
Taxe de main-morte.	7 » p. 100	7 p. 100	
Impôt de 3 p. 100...	3 » p. 100	3 p. 100	3 p. 100
Droit de timbre-impôt.	5.20 p. 100		
Sur valeurs, etc.....			
	15.20 p. 100	23 p. 100	16 p. 100

Par la loi du 29 déc. 1884, le législateur acheva l'assimilation de toutes les congrégations en déclarant (art. 9) que le droit d'accroissement et l'impôt sur le revenu visaient toutes les sociétés et associations dont l'objet n'est pas de distribuer des bénéfices et « toutes les communautés et associations religieuses autorisées ou non autorisées. »

Cette loi est très importante, car elle montre que le législateur a complètement abandonné la théorie de Savigny. Dans un but fiscal très intéressé, il se refuse à voir dans la reconnaissance d'utilité publique la création d'un être moral complètement indépendant des membres qui le composent et investi à leur exclusion de tous les droits. Abandonnant cette idée qui aurait soustrait à la taxe d'accroissement toute une catégorie de congrégations, il considère le patrimoine de toutes les associations comme possédé en commun par les membres. La congrégation reconnue ne constitue plus une personne morale au sens où l'entendait l'école classique, mais simplement un ensemble de copossesseurs de biens indivis [1].

Quelle différence alors entre elle et la congrégation non autorisée?

Logiquement et puisqu'il n'y a plus de corps moral indépendant des membres et pouvant se manifester à l'intérieur par des organes, les poursuites en cas de non-paiement de l'impôt devraient être dirigées contre les membres *ut singuli* de chaque congrégation. Cette rigoureuse

____

(1) Épinay, *op. cit.*

conséquence de la loi de 1884 rendrait très malaisée la tâche du fisc. Aussi n'a-t-elle pas été admise. La Cour de cassation, interprétant rigoureusement la loi : les impôts seront payés par *les congrégations* reconnues et non reconnues, conclut que c'était contre la congrégation, être moral représenté par son supérieur et non contre les individus *ut singuli* que l'administration devait décerner la contrainte [1].

C'est reconnaître une même personnalité pour toutes les congrégations, qu'elles soient autorisées ou non. Et si l'on admet que la congrégation non reconnue d'utilité publique est débitrice de l'impôt aux lieu et place des religieux qui ont seuls des droits sur le patrimoine commun, on doit admettre aussi que les membres des congrégations dotées de la personnalité légale ont les mêmes droits sur les biens qu'une communauté soumise aux mêmes obligations et aux mêmes charges et considérée par l'Etat de la même façon que si elle n'était pas reconnue d'utilité publique.

Ce traitement semblable pour les deux sortes de congrégations ressort également de la loi du 16 avril 1875 qui transforme le droit d'accroissement « en une taxe annuelle et obligatoire sur la valeur brute des biens meubles et immeubles possédés par les communautés et associations religieuses autorisées ou non. »

La loi ne veut plus faire aucune différence entre elles et

[1] Chambre des requêtes. Arrêt du **22 mars 1892**, Sirey, 92. 1. 467.

leur reconnaît également le droit de posséder. C'est l'identification complète.

Et en agissant ainsi, le législateur ne s'est pas mis en opposition avec la théorie. Dans une note publiée au recueil de Sirey [1]. M. Wahl place constamment sur le même pied les droits des membres des communautés autorisées ou non. Dans les deux cas, il y a pour lui une part d'intérêt dans une société à individualité distincte de celle des individus, part qui est mobilière par la destination de la loi et il demande pourquoi on n'assimilerait pas les droits d'un congréganiste d'un établissement reconnu à ceux d'un associé sur le patrimoine de la société dont il fait partie [2].

[1] Sirey, 90. 1. 517.
[2] En ce sens : Délib. adm. enreg., 24 juill. 1827 ; Trib. Valence, 10 août 1842 ; Trib. Mauriac, 4 juill. 1847 ; Solut. adm. enreg., 19 mars 1851.

CONCLUSION

Nous avons cru montrer par cette courte étude que le don de la personnalité civile ne crée pas un être indépendant des membres composants, que cet être résulte au contraire de leur commune volonté et que, selon le mot d'un penseur « ce qui constitue la personnalité ce n'est pas l'obstacle extérieur qui l'éveille, c'est l'énergie intérieure qui l'anime [1]. »

Nous avons essayé, d'un autre côté, d'établir que la jurisprudence et après elle la doctrine reconnaissaient aux associations non reconnues une personnalité de fait ayant elle-même sa source dans la commune volonté des religieux et dont les avantages s'identifiaient presque à ceux de la personnalité de droit.

De ce rapprochement de situation ne doit-on pas conclure à l'égalité de droit des membres ? En le faisant il nous a semblé résoudre simplement une équation alphabétique.

[1] Laboulaye, *Études morales et politiques de la personnalité civile*.

Il nous a paru aussi de la plus élémentaire justice que les religieux non autorisés ayant le pouvoir de se partager les biens de léur congrégation à sa disparition, les membres des communautés autorisées aient le même droit. Ils seraient autrement dans une situation beaucoup plus désavantageuse, ce que n'a pu vouloir notre législation.

Cette solution ne saurait nuire aux intérêts de l'État, puisqu'elle ne favorise en rien le développement tant redouté de la main-morte et lui permet, au contraire, d'appliquer un système très productif d'imposition. Il serait, de toute façon, désintéressé dans le débat, car il ne se serait, dans aucun cas, attribué les biens vacants.

L'état des religieux s'en trouve amélioré sans danger pour le pouvoir civil comme pour l'Église.

Sous l'ancien régime, ils étaient frappés de mort civile, ils ne pouvaient ni succéder, ni recevoir par donation entre-vifs ou par legs, ni tester, ni s'obliger, toute action en justice leur était interdite, sauf dans quatre cas très délimités.

1° En matière répressive, il était important pour la religion que le moine pût se défendre;

2° En matière d'appel comme d'abus, le religieux pouvait se pourvoir contre les actes de ses supérieurs;

3° Quand le profès voulait réclamer contre ses vœux;

4° Quand il possédait un bénéfice. Il pouvait procéder en justice pour tout ce qui concernait l'administration de ce bénéfice.

Mais déjà à ce moment on admit qu'ils pouvaient recevoir une pension viagère modique ou un legs particulier peu important comme dédommagement pour le couvent de leur entretien [1].

Depuis la Révolution, toutes les interdictions dont les religieux étaient frappés, ont disparu. Ils ont, comme individus, les mêmes droits que tous les autres citoyens. Leur capacité suit ainsi une marche ascendante et de l'homme s'étend aux membres de la congrégation. Il devient un associé d'une collectivité, de nature spéciale, il est vrai, mais semblable aux autres pour la relation qui existe entre ceux qui en font partie vis-à-vis du patrimoine commun.

La thèse que nous avons essayé de soutenir en nous appuyant sur l'autorité de savants jurisconsultes, n'est qu'un point très particulier du droit d'association, elle s'y rattache cependant étroitement et en venant porter notre concours modeste à la construction si retardée de cet édifice pourtant bien nécessaire, nous avons obéi au sentiment qui inspirait ce vœu de P. Bourget :

« L'indépendance de l'Église assurée par une loi libérale sur les associations. »

12 octobre 1900.

Vu par le Président de la thèse,
F. LARNAUDE.

Vu par le Doyen,
GLASSON.

VU ET PERMIS D'IMPRIMER :
Le vice recteur de l'académie de Paris,
GRÉARD.

____

(1) Béquet, *op. cit.*

TABLE DES MATIÈRES